CORN SNAKE CARE LOG

TODAY'S DATE: _____

FOOD: _____

_____

CLEAN WATER: _____

HEALTH: _____

_____

CLEANING: _____

_____

TEMPERATURE: _____

EQUIPMENT CHECK: _____

_____

_____

OTHER NOTES

_____

_____

_____

CORN SNAKE CARE LOG

TODAY'S DATE: _____

FOOD: _____

_____

CLEAN WATER: _____

HEALTH: _____

_____

CLEANING: _____

_____

TEMPERATURE: _____

EQUIPMENT CHECK: _____

_____

OTHER NOTES

_____

_____

_____

CORN SNAKE CARE LOG

TODAY'S DATE: _____

FOOD: _____

_____

CLEAN WATER: _____

HEALTH: _____

_____

CLEANING: _____

_____

TEMPERATURE: _____

EQUIPMENT CHECK: _____

_____

_____

OTHER NOTES

_____

_____

_____

CORN SNAKE CARE LOG

TODAY'S DATE: _____

FOOD: _____

_____

CLEAN WATER: _____

HEALTH: _____

_____

CLEANING: _____

_____

TEMPERATURE: _____

EQUIPMENT CHECK: _____

_____

OTHER NOTES

_____

_____

_____

CORN SNAKE CARE LOG

TODAY'S DATE: _____

FOOD: _____

_____

CLEAN WATER: _____

HEALTH: _____

_____

CLEANING: _____

_____

TEMPERATURE: _____

EQUIPMENT CHECK: _____

_____

_____

OTHER NOTES

_____

_____

_____

CORN SNAKE CARE LOG

TODAY'S DATE: _____

FOOD: _____

_____

CLEAN WATER: _____

HEALTH: _____

_____

CLEANING: _____

_____

TEMPERATURE: _____

EQUIPMENT CHECK: _____

_____

_____

OTHER NOTES

_____

_____

_____

CORN SNAKE CARE LOG

TODAY'S DATE: _____

FOOD: _____

_____

CLEAN WATER: _____

HEALTH: _____

_____

CLEANING: _____

_____

TEMPERATURE: _____

EQUIPMENT CHECK: _____

_____

_____

OTHER NOTES

_____

_____

CORN SNAKE CARE LOG

TODAY'S DATE: _____

FOOD: _____

_____

CLEAN WATER: _____

HEALTH: _____

_____

CLEANING: _____

_____

TEMPERATURE: _____

EQUIPMENT CHECK: _____

_____

OTHER NOTES

_____

_____

_____

CORN SNAKE CARE LOG

TODAY'S DATE: _____

FOOD: _____

_____

CLEAN WATER: _____

HEALTH: _____

_____

CLEANING: _____

_____

TEMPERATURE: _____

EQUIPMENT CHECK: _____

_____

_____

OTHER NOTES

_____

_____

_____

CORN SNAKE CARE LOG

TODAY'S DATE: _____

FOOD: _____

_____

CLEAN WATER: _____

HEALTH: _____

_____

CLEANING: _____

_____

TEMPERATURE: _____

EQUIPMENT CHECK: _____

_____

_____

OTHER NOTES

_____

_____

_____

CORN SNAKE CARE LOG

TODAY'S DATE: _____

FOOD: _____

_____

CLEAN WATER: _____

HEALTH: _____

_____

CLEANING: _____

_____

TEMPERATURE: _____

EQUIPMENT CHECK: _____

_____

_____

OTHER NOTES

_____

_____

CORN SNAKE CARE LOG

TODAY'S DATE: _____

FOOD: _____

_____

CLEAN WATER: _____

HEALTH: _____

_____

CLEANING: _____

_____

TEMPERATURE: _____

EQUIPMENT CHECK: _____

_____

_____

OTHER NOTES

_____

_____

_____

CORN SNAKE CARE LOG

TODAY'S DATE: _____

FOOD: _____

_____

CLEAN WATER: _____

HEALTH: _____

_____

CLEANING: _____

_____

TEMPERATURE: _____

EQUIPMENT CHECK: _____

_____

_____

OTHER NOTES

_____

_____

_____

CORN SNAKE CARE LOG

TODAY'S DATE: _____

FOOD: _____

_____

CLEAN WATER: _____

HEALTH: _____

_____

CLEANING: _____

_____

TEMPERATURE: _____

EQUIPMENT CHECK: _____

_____

OTHER NOTES

_____

_____

CORN SNAKE CARE LOG

TODAY'S DATE: _____

FOOD: _____

_____

CLEAN WATER: _____

HEALTH: _____

_____

CLEANING: _____

_____

TEMPERATURE: _____

EQUIPMENT CHECK: _____

_____

_____

OTHER NOTES

_____

_____

_____

CORN SNAKE CARE LOG

TODAY'S DATE: _____

FOOD: _____

_____

CLEAN WATER: _____

HEALTH: _____

_____

CLEANING: _____

_____

TEMPERATURE: _____

EQUIPMENT CHECK: _____

_____

_____

OTHER NOTES

_____

_____

_____

CORN SNAKE CARE LOG

TODAY'S DATE: _____

FOOD: _____

_____

CLEAN WATER: _____

HEALTH: _____

_____

CLEANING: _____

_____

TEMPERATURE: _____

EQUIPMENT CHECK: _____

_____

_____

OTHER NOTES

_____

_____

_____

CORN SNAKE CARE LOG

TODAY'S DATE: _____

FOOD: _____

_____

CLEAN WATER: _____

HEALTH: _____

_____

CLEANING: _____

_____

TEMPERATURE: _____

EQUIPMENT CHECK: _____

_____

_____

OTHER NOTES

_____

_____

_____

CORN SNAKE CARE LOG

TODAY'S DATE: _____

FOOD: _____

_____

CLEAN WATER: _____

HEALTH: _____

_____

CLEANING: _____

_____

TEMPERATURE: _____

EQUIPMENT CHECK: _____

_____

_____

OTHER NOTES

_____

_____

_____

CORN SNAKE CARE LOG

TODAY'S DATE: _____

FOOD: _____

_____

CLEAN WATER: _____

HEALTH: _____

_____

CLEANING: _____

_____

TEMPERATURE: _____

EQUIPMENT CHECK: _____

_____

OTHER NOTES

_____

_____

_____

CORN SNAKE CARE LOG

TODAY'S DATE: _____

FOOD: _____

_____

CLEAN WATER: _____

HEALTH: _____

_____

CLEANING: _____

_____

TEMPERATURE: _____

EQUIPMENT CHECK: _____

_____

_____

OTHER NOTES

_____

_____

_____

CORN SNAKE CARE LOG

TODAY'S DATE: _____

FOOD: _____

_____

CLEAN WATER: _____

HEALTH: _____

_____

CLEANING: _____

_____

TEMPERATURE: _____

EQUIPMENT CHECK: _____

_____

_____

OTHER NOTES

_____

_____

_____

CORN SNAKE CARE LOG

TODAY'S DATE: _____

FOOD: _____

_____

CLEAN WATER: _____

HEALTH: _____

_____

CLEANING: _____

_____

TEMPERATURE: _____

EQUIPMENT CHECK: _____

_____

_____

OTHER NOTES

_____

_____

_____

CORN SNAKE CARE LOG

TODAY'S DATE: _____

FOOD: _____

_____

CLEAN WATER: _____

HEALTH: _____

_____

CLEANING: _____

_____

TEMPERATURE: _____

EQUIPMENT CHECK: _____

_____

OTHER NOTES

_____

_____

_____

CORN SNAKE CARE LOG

TODAY'S DATE: _____

FOOD: _____
_____

CLEAN WATER: _____

HEALTH: _____
_____

CLEANING: _____
_____

TEMPERATURE: _____

EQUIPMENT CHECK: _____
_____
_____

OTHER NOTES

_____
_____
_____

CORN SNAKE CARE LOG

TODAY'S DATE: _____

FOOD: _____

_____

CLEAN WATER: _____

HEALTH: _____

_____

CLEANING: _____

_____

TEMPERATURE: _____

EQUIPMENT CHECK: _____

_____

_____

OTHER NOTES

_____

_____

_____

CORN SNAKE CARE LOG

TODAY'S DATE: _____

FOOD: _____
_____

CLEAN WATER: _____

HEALTH: _____
_____

CLEANING: _____
_____

TEMPERATURE: _____

EQUIPMENT CHECK: _____
_____

OTHER NOTES

_____
_____
_____

CORN SNAKE CARE LOG

TODAY'S DATE: _____

FOOD: _____

_____

CLEAN WATER: _____

HEALTH: _____

_____

CLEANING: _____

_____

TEMPERATURE: _____

EQUIPMENT CHECK: _____

_____

_____

OTHER NOTES

_____

_____

_____

CORN SNAKE CARE LOG

TODAY'S DATE: _____

FOOD: _____

_____

CLEAN WATER: _____

HEALTH: _____

_____

CLEANING: _____

_____

TEMPERATURE: _____

EQUIPMENT CHECK: _____

_____

_____

OTHER NOTES

_____

_____

_____

CORN SNAKE CARE LOG

TODAY'S DATE: _____

FOOD: _____

_____

CLEAN WATER: _____

HEALTH: _____

_____

CLEANING: _____

_____

TEMPERATURE: _____

EQUIPMENT CHECK: _____

_____

OTHER NOTES

_____

_____

_____

CORN SNAKE CARE LOG

TODAY'S DATE: _____

FOOD: _____

_____

CLEAN WATER: _____

HEALTH: _____

_____

CLEANING: _____

_____

TEMPERATURE: _____

EQUIPMENT CHECK: _____

_____

_____

OTHER NOTES

_____

_____

_____

CORN SNAKE CARE LOG

TODAY'S DATE: _____

FOOD: _____

_____

CLEAN WATER: _____

HEALTH: _____

_____

CLEANING: _____

_____

TEMPERATURE: _____

EQUIPMENT CHECK: _____

_____

_____

OTHER NOTES

_____

_____

_____

CORN SNAKE CARE LOG

TODAY'S DATE: _____

FOOD: _____

_____

CLEAN WATER: _____

HEALTH: _____

_____

CLEANING: _____

_____

TEMPERATURE: _____

EQUIPMENT CHECK: _____

_____

_____

OTHER NOTES

_____

_____

_____

CORN SNAKE CARE LOG

TODAY'S DATE: _____

FOOD: _____

_____

CLEAN WATER: _____

HEALTH: _____

_____

CLEANING: _____

_____

TEMPERATURE: _____

EQUIPMENT CHECK: _____

_____

_____

OTHER NOTES

_____

_____

_____

CORN SNAKE CARE LOG

TODAY'S DATE: _____

FOOD: _____

_____

CLEAN WATER: _____

HEALTH: _____

_____

CLEANING: _____

_____

TEMPERATURE: _____

EQUIPMENT CHECK: _____

_____

_____

OTHER NOTES

_____

_____

_____

CORN SNAKE CARE LOG

TODAY'S DATE: _____

FOOD: _____

_____

CLEAN WATER: _____

HEALTH: _____

_____

CLEANING: _____

_____

TEMPERATURE: _____

EQUIPMENT CHECK: _____

_____

_____

OTHER NOTES

_____

_____

_____

CORN SNAKE CARE LOG

TODAY'S DATE: _____

FOOD: _____

_____

CLEAN WATER: _____

HEALTH: _____

_____

CLEANING: _____

_____

TEMPERATURE: _____

EQUIPMENT CHECK: _____

_____

_____

OTHER NOTES

_____

_____

CORN SNAKE CARE LOG

TODAY'S DATE: _____

FOOD: _____

_____

CLEAN WATER: _____

HEALTH: _____

_____

CLEANING: _____

_____

TEMPERATURE: _____

EQUIPMENT CHECK: _____

_____

_____

OTHER NOTES

_____

_____

_____

CORN SNAKE CARE LOG

TODAY'S DATE: _____

FOOD: _____

_____

CLEAN WATER: _____

HEALTH: _____

_____

CLEANING: _____

_____

TEMPERATURE: _____

EQUIPMENT CHECK: _____

_____

_____

OTHER NOTES

_____

_____

_____

CORN SNAKE CARE LOG

TODAY'S DATE: _____

FOOD: _____

_____

CLEAN WATER: _____

HEALTH: _____

_____

CLEANING: _____

_____

TEMPERATURE: _____

EQUIPMENT CHECK: _____

_____

_____

OTHER NOTES

_____

_____

_____

CORN SNAKE CARE LOG

TODAY'S DATE: _____

FOOD: _____

_____

CLEAN WATER: _____

HEALTH: _____

_____

CLEANING: _____

_____

TEMPERATURE: _____

EQUIPMENT CHECK: _____

_____

_____

OTHER NOTES

_____

_____

_____

CORN SNAKE CARE LOG

TODAY'S DATE: _____

FOOD: _____

_____

CLEAN WATER: _____

HEALTH: _____

_____

CLEANING: _____

_____

TEMPERATURE: _____

EQUIPMENT CHECK: _____

_____

_____

OTHER NOTES

_____

_____

_____

CORN SNAKE CARE LOG

TODAY'S DATE: _____

FOOD: _____

_____

CLEAN WATER: _____

HEALTH: _____

_____

CLEANING: _____

_____

TEMPERATURE: _____

EQUIPMENT CHECK: _____

_____

_____

OTHER NOTES

_____

_____

_____

CORN SNAKE CARE LOG

TODAY'S DATE: _____

FOOD: _____

_____

CLEAN WATER: _____

HEALTH: _____

_____

CLEANING: _____

_____

TEMPERATURE: _____

EQUIPMENT CHECK: _____

_____

OTHER NOTES

_____

_____

_____

CORN SNAKE CARE LOG

TODAY'S DATE: _____

FOOD: _____

_____

CLEAN WATER: _____

HEALTH: _____

_____

CLEANING: _____

_____

TEMPERATURE: _____

EQUIPMENT CHECK: _____

_____

_____

OTHER NOTES

_____

_____

_____

CORN SNAKE CARE LOG

TODAY'S DATE: _____

FOOD: _____

_____

CLEAN WATER: _____

HEALTH: _____

_____

CLEANING: _____

_____

TEMPERATURE: _____

EQUIPMENT CHECK: _____

_____

_____

OTHER NOTES

_____

_____

_____

CORN SNAKE CARE LOG

TODAY'S DATE: _____

FOOD: _____

_____

CLEAN WATER: _____

HEALTH: _____

_____

CLEANING: _____

_____

TEMPERATURE: _____

EQUIPMENT CHECK: _____

_____

_____

OTHER NOTES

_____

_____

_____

CORN SNAKE CARE LOG

TODAY'S DATE: _____

FOOD: _____

_____

CLEAN WATER: _____

HEALTH: _____

_____

CLEANING: _____

_____

TEMPERATURE: _____

EQUIPMENT CHECK: _____

_____

_____

OTHER NOTES

_____

_____

_____

CORN SNAKE CARE LOG

TODAY'S DATE: _____

FOOD: _____

_____

CLEAN WATER: _____

HEALTH: _____

_____

CLEANING: _____

_____

TEMPERATURE: _____

EQUIPMENT CHECK: _____

_____

_____

OTHER NOTES

_____

_____

_____

CORN SNAKE CARE LOG

TODAY'S DATE: _____

FOOD: _____

_____

CLEAN WATER: _____

HEALTH: _____

_____

CLEANING: _____

_____

TEMPERATURE: _____

EQUIPMENT CHECK: _____

_____

_____

OTHER NOTES

_____

_____

_____

CORN SNAKE CARE LOG

TODAY'S DATE: _____

FOOD: _____

_____

CLEAN WATER: _____

HEALTH: _____

_____

CLEANING: _____

_____

TEMPERATURE: _____

EQUIPMENT CHECK: _____

_____

_____

OTHER NOTES

_____

_____

_____

CORN SNAKE CARE LOG

TODAY'S DATE: _____

FOOD: _____

_____

CLEAN WATER: _____

HEALTH: _____

_____

CLEANING: _____

_____

TEMPERATURE: _____

EQUIPMENT CHECK: _____

_____

_____

OTHER NOTES

_____

_____

_____

CORN SNAKE CARE LOG

TODAY'S DATE: _____

FOOD: _____

_____

CLEAN WATER: _____

HEALTH: _____

_____

CLEANING: _____

_____

TEMPERATURE: _____

EQUIPMENT CHECK: _____

_____

_____

OTHER NOTES

_____

_____

_____

CORN SNAKE CARE LOG

TODAY'S DATE: _____

FOOD: _____

_____

CLEAN WATER: _____

HEALTH: _____

_____

CLEANING: _____

_____

TEMPERATURE: _____

EQUIPMENT CHECK: _____

_____

_____

OTHER NOTES

_____

_____

_____

CORN SNAKE CARE LOG

TODAY'S DATE: _____

FOOD: _____

_____

CLEAN WATER: _____

HEALTH: _____

_____

CLEANING: _____

_____

TEMPERATURE: _____

EQUIPMENT CHECK: _____

_____

_____

OTHER NOTES

_____

_____

_____

CORN SNAKE CARE LOG

TODAY'S DATE: _____

FOOD: _____

_____

CLEAN WATER: _____

HEALTH: _____

_____

CLEANING: _____

_____

TEMPERATURE: _____

EQUIPMENT CHECK: _____

_____

OTHER NOTES

_____

_____

_____

CORN SNAKE CARE LOG

TODAY'S DATE: _____

FOOD: _____

_____

CLEAN WATER: _____

HEALTH: _____

_____

CLEANING: _____

_____

TEMPERATURE: _____

EQUIPMENT CHECK: _____

_____

_____

OTHER NOTES

_____

_____

_____

CORN SNAKE CARE LOG

TODAY'S DATE: _____

FOOD: _____

_____

CLEAN WATER: _____

HEALTH: _____

_____

CLEANING: _____

_____

TEMPERATURE: _____

EQUIPMENT CHECK: _____

_____

_____

OTHER NOTES

_____

_____

_____

CORN SNAKE CARE LOG

TODAY'S DATE: _____

FOOD: _____

_____

CLEAN WATER: _____

HEALTH: _____

_____

CLEANING: _____

_____

TEMPERATURE: _____

EQUIPMENT CHECK: _____

_____

_____

OTHER NOTES

_____

_____

_____

CORN SNAKE CARE LOG

TODAY'S DATE: _____

FOOD: _____

_____

CLEAN WATER: _____

HEALTH: _____

_____

CLEANING: _____

_____

TEMPERATURE: _____

EQUIPMENT CHECK: _____

_____

_____

OTHER NOTES

_____

_____

_____

CORN SNAKE CARE LOG

TODAY'S DATE: _____

FOOD: _____

_____

CLEAN WATER: _____

HEALTH: _____

_____

CLEANING: _____

_____

TEMPERATURE: _____

EQUIPMENT CHECK: _____

_____

OTHER NOTES

_____

_____

_____

CORN SNAKE CARE LOG

TODAY'S DATE: _____

FOOD: _____

_____

CLEAN WATER: _____

HEALTH: _____

_____

CLEANING: _____

_____

TEMPERATURE: _____

EQUIPMENT CHECK: _____

_____

_____

OTHER NOTES

_____

_____

_____

CORN SNAKE CARE LOG

TODAY'S DATE: _____

FOOD: _____

_____

CLEAN WATER: _____

HEALTH: _____

_____

CLEANING: _____

_____

TEMPERATURE: _____

EQUIPMENT CHECK: _____

_____

_____

OTHER NOTES

_____

_____

_____

CORN SNAKE CARE LOG

TODAY'S DATE: _____

FOOD: _____

_____

CLEAN WATER: _____

HEALTH: _____

_____

CLEANING: _____

_____

TEMPERATURE: _____

EQUIPMENT CHECK: _____

_____

_____

OTHER NOTES

_____

_____

_____

CORN SNAKE CARE LOG

TODAY'S DATE: _____

FOOD: _____

_____

CLEAN WATER: _____

HEALTH: _____

_____

CLEANING: _____

_____

TEMPERATURE: _____

EQUIPMENT CHECK: _____

_____

_____

OTHER NOTES

_____

_____

_____

CORN SNAKE CARE LOG

TODAY'S DATE: _____

FOOD: _____

_____

CLEAN WATER: _____

HEALTH: _____

_____

CLEANING: _____

_____

TEMPERATURE: _____

EQUIPMENT CHECK: _____

_____

_____

OTHER NOTES

_____

_____

_____

CORN SNAKE CARE LOG

TODAY'S DATE: _____

FOOD: _____

_____

CLEAN WATER: _____

HEALTH: _____

_____

CLEANING: _____

_____

TEMPERATURE: _____

EQUIPMENT CHECK: _____

_____

_____

OTHER NOTES

_____

_____

_____

CORN SNAKE CARE LOG

TODAY'S DATE: _____

FOOD: _____

_____

CLEAN WATER: _____

HEALTH: _____

_____

CLEANING: _____

_____

TEMPERATURE: _____

EQUIPMENT CHECK: _____

_____

_____

OTHER NOTES

_____

_____

_____

CORN SNAKE CARE LOG

TODAY'S DATE: _____

FOOD: _____

_____

CLEAN WATER: _____

HEALTH: _____

_____

CLEANING: _____

_____

TEMPERATURE: _____

EQUIPMENT CHECK: _____

_____

_____

OTHER NOTES

_____

_____

_____

CORN SNAKE CARE LOG

TODAY'S DATE: _____

FOOD: _____

_____

CLEAN WATER: _____

HEALTH: _____

_____

CLEANING: _____

_____

TEMPERATURE: _____

EQUIPMENT CHECK: _____

_____

_____

OTHER NOTES

_____

_____

_____

CORN SNAKE CARE LOG

TODAY'S DATE: _____

FOOD: _____

_____

CLEAN WATER: _____

HEALTH: _____

_____

CLEANING: _____

_____

TEMPERATURE: _____

EQUIPMENT CHECK: _____

_____

_____

OTHER NOTES

_____

_____

_____

CORN SNAKE CARE LOG

TODAY'S DATE: _____

FOOD: _____

_____

CLEAN WATER: _____

HEALTH: _____

_____

CLEANING: _____

_____

TEMPERATURE: _____

EQUIPMENT CHECK: _____

_____

_____

OTHER NOTES

_____

_____

_____

CORN SNAKE CARE LOG

TODAY'S DATE: _____

FOOD: _____

_____

CLEAN WATER: _____

HEALTH: _____

_____

CLEANING: _____

_____

TEMPERATURE: _____

EQUIPMENT CHECK: _____

_____

_____

OTHER NOTES

_____

_____

_____

CORN SNAKE CARE LOG

TODAY'S DATE: _____

FOOD: _____

_____

CLEAN WATER: _____

HEALTH: _____

_____

CLEANING: _____

_____

TEMPERATURE: _____

EQUIPMENT CHECK: _____

_____

OTHER NOTES

_____

_____

_____

CORN SNAKE CARE LOG

TODAY'S DATE: _____

FOOD: _____
_____

CLEAN WATER: _____

HEALTH: _____
_____

CLEANING: _____
_____

TEMPERATURE: _____

EQUIPMENT CHECK: _____
_____
_____

OTHER NOTES

_____
_____
_____

CORN SNAKE CARE LOG

TODAY'S DATE: _____

FOOD: _____

_____

CLEAN WATER: _____

HEALTH: _____

_____

CLEANING: _____

_____

TEMPERATURE: _____

EQUIPMENT CHECK: _____

_____

_____

OTHER NOTES

_____

_____

_____

CORN SNAKE CARE LOG

TODAY'S DATE: _____

FOOD: _____

_____

CLEAN WATER: _____

HEALTH: _____

_____

CLEANING: _____

_____

TEMPERATURE: _____

EQUIPMENT CHECK: _____

_____

_____

OTHER NOTES

_____

_____

_____

CORN SNAKE CARE LOG

TODAY'S DATE: _____

FOOD: _____

_____

CLEAN WATER: _____

HEALTH: _____

_____

CLEANING: _____

_____

TEMPERATURE: _____

EQUIPMENT CHECK: _____

_____

OTHER NOTES

_____

_____

CORN SNAKE CARE LOG

TODAY'S DATE: _____

FOOD: _____

_____

CLEAN WATER: _____

HEALTH: _____

_____

CLEANING: _____

_____

TEMPERATURE: _____

EQUIPMENT CHECK: _____

_____

_____

OTHER NOTES

_____

_____

_____

CORN SNAKE CARE LOG

TODAY'S DATE: _____

FOOD: _____

_____

CLEAN WATER: _____

HEALTH: _____

_____

CLEANING: _____

_____

TEMPERATURE: _____

EQUIPMENT CHECK: _____

_____

OTHER NOTES

_____

_____

_____

CORN SNAKE CARE LOG

TODAY'S DATE: _____

FOOD: _____

_____

CLEAN WATER: _____

HEALTH: _____

_____

CLEANING: _____

_____

TEMPERATURE: _____

EQUIPMENT CHECK: _____

_____

_____

OTHER NOTES

_____

_____

_____

CORN SNAKE CARE LOG

TODAY'S DATE: _____

FOOD: _____

_____

CLEAN WATER: _____

HEALTH: _____

_____

CLEANING: _____

_____

TEMPERATURE: _____

EQUIPMENT CHECK: _____

_____

_____

OTHER NOTES

_____

_____

_____

CORN SNAKE CARE LOG

TODAY'S DATE: _____

FOOD: _____

_____

CLEAN WATER: _____

HEALTH: _____

_____

CLEANING: _____

_____

TEMPERATURE: _____

EQUIPMENT CHECK: _____

_____

_____

OTHER NOTES

_____

_____

_____

CORN SNAKE CARE LOG

TODAY'S DATE: _____

FOOD: _____

_____

CLEAN WATER: _____

HEALTH: _____

_____

CLEANING: _____

_____

TEMPERATURE: _____

EQUIPMENT CHECK: _____

_____

_____

OTHER NOTES

_____

_____

_____

CORN SNAKE CARE LOG

TODAY'S DATE: _____

FOOD: _____

_____

CLEAN WATER: _____

HEALTH: _____

_____

CLEANING: _____

_____

TEMPERATURE: _____

EQUIPMENT CHECK: _____

_____

_____

OTHER NOTES

_____

_____

_____

CORN SNAKE CARE LOG

TODAY'S DATE: _____

FOOD: _____

_____

CLEAN WATER: _____

HEALTH: _____

_____

CLEANING: _____

_____

TEMPERATURE: _____

EQUIPMENT CHECK: _____

_____

_____

OTHER NOTES

_____

_____

_____

CORN SNAKE CARE LOG

TODAY'S DATE: _____

FOOD: _____

_____

CLEAN WATER: _____

HEALTH: _____

_____

CLEANING: _____

_____

TEMPERATURE: _____

EQUIPMENT CHECK: _____

_____

_____

OTHER NOTES

_____

_____

_____

CORN SNAKE CARE LOG

TODAY'S DATE: _____

FOOD: _____

_____

CLEAN WATER: _____

HEALTH: _____

_____

CLEANING: _____

_____

TEMPERATURE: _____

EQUIPMENT CHECK: _____

_____

_____

OTHER NOTES

_____

_____

_____

CORN SNAKE CARE LOG

TODAY'S DATE: _____

FOOD: _____

_____

CLEAN WATER: _____

HEALTH: _____

_____

CLEANING: _____

_____

TEMPERATURE: _____

EQUIPMENT CHECK: _____

_____

_____

OTHER NOTES

_____

_____

_____

CORN SNAKE CARE LOG

TODAY'S DATE: _____

FOOD: _____

_____

CLEAN WATER: _____

HEALTH: _____

_____

CLEANING: _____

_____

TEMPERATURE: _____

EQUIPMENT CHECK: _____

_____

OTHER NOTES

_____

_____

_____

CORN SNAKE CARE LOG

TODAY'S DATE: _____

FOOD: _____

_____

CLEAN WATER: _____

HEALTH: _____

_____

CLEANING: _____

_____

TEMPERATURE: _____

EQUIPMENT CHECK: _____

_____

_____

OTHER NOTES

_____

_____

_____

CORN SNAKE CARE LOG

TODAY'S DATE: _____

FOOD: _____

_____

CLEAN WATER: _____

HEALTH: _____

_____

CLEANING: _____

_____

TEMPERATURE: _____

EQUIPMENT CHECK: _____

_____

_____

OTHER NOTES

_____

_____

_____

CORN SNAKE CARE LOG

TODAY'S DATE: _____

FOOD: _____

_____

CLEAN WATER: _____

HEALTH: _____

_____

CLEANING: _____

_____

TEMPERATURE: _____

EQUIPMENT CHECK: _____

_____

_____

OTHER NOTES

_____

_____

_____

CORN SNAKE CARE LOG

TODAY'S DATE: _____

FOOD: _____

_____

CLEAN WATER: _____

HEALTH: _____

_____

CLEANING: _____

_____

TEMPERATURE: _____

EQUIPMENT CHECK: _____

_____

_____

OTHER NOTES

_____

_____

_____

CORN SNAKE CARE LOG

TODAY'S DATE: _____

FOOD: _____

_____

CLEAN WATER: _____

HEALTH: _____

_____

CLEANING: _____

_____

TEMPERATURE: _____

EQUIPMENT CHECK: _____

_____

_____

OTHER NOTES

_____

_____

_____

CORN SNAKE CARE LOG

TODAY'S DATE: _____

FOOD: _____

_____

CLEAN WATER: _____

HEALTH: _____

_____

CLEANING: _____

_____

TEMPERATURE: _____

EQUIPMENT CHECK: _____

_____

_____

OTHER NOTES

_____

_____

_____

CORN SNAKE CARE LOG

TODAY'S DATE: _____

FOOD: _____

_____

CLEAN WATER: _____

HEALTH: _____

_____

CLEANING: _____

_____

TEMPERATURE: _____

EQUIPMENT CHECK: _____

_____

_____

OTHER NOTES

_____

_____

_____

CORN SNAKE CARE LOG

TODAY'S DATE: _____

FOOD: _____

_____

CLEAN WATER: _____

HEALTH: _____

_____

CLEANING: _____

_____

TEMPERATURE: _____

EQUIPMENT CHECK: _____

_____

_____

OTHER NOTES

_____

_____

_____